PIÈCES DE CIRCONSTANCE

DITES

A L'OCCASION DU MARIAGE

DE

Mr Louis BIGO & Mlle Thérèse DEJARDIN

Le 27 Avril 1892.

IMPRIMERIE L. DANEL.

ALLOCUTION DE M. HELLE,

CURÉ-DOYEN DE CARNIÈRES.

Monsieur, Mademoiselle,

En vous voyant, au milieu des charmes de la jeunesse et de l'innocence, agenouillés au pied de cet autel, pour recevoir la bénédiction nuptiale, je me sens ému, et ma pensée se reporte naturellement au premier mariage qui se célébra dans le monde, sous les délicieux ombrages de l'Éden. La cour céleste et toute la création étaient les témoins de cet acte solennel. Adam, dont le front rayonnait de gloire et de majesté, était là en présence de l'Eternel. Le Seigneur avait dit : Il n'est pas bon que l'homme soit seul ; c'est-à-dire l'homme a un cœur, il lui faut son semblable pour aimer et pour être aimé ; l'homme est une intelligence, il lui faut un être qui le comprenne et pense comme lui ; l'homme est faible et a besoin d'un aide ; l'homme doit vivre en famille, en société ; donnons-lui une compagne afin qu'il se multiplie et peuple l'Univers. Et Dieu présenta à Adam la femme qu'il avait tirée de son côté, j'allais dire de son cœur. Elle avait en partage la grâce, la sensibilité, la délicatesse, la douceur. A sa vue, Adam s'écria, transporté de joie et d'admiration : Voici l'os de mes os, et la chair de ma chair ! Alors Dieu, créateur et père, pontife et législateur, bénit solennellement cette première union nuptiale et il la déclara *une* et *indissoluble*. Grande leçon ! Ève est produite de la substance de l'homme : Dieu les fait l'un de l'autre parce qu'il les veut l'un pour l'autre ; et ils ne sont qu'un primitivement, parce qu'ils ne doivent être qu'un dans la suite. Ah ! malheur au législateur mal inspiré qui détruit ce que Dieu a si sagement établi ! En abolissant l'une des plus belles lois de l'Evangile, il déshonore l'union conjugale, il divise et sacrifie la famille, il favorise l'inconstance, l'infidélité, les mauvaises passions et tous les vices. La femme cesse d'être la noble compagne de l'homme, sa sœur bien-aimée, sa fidèle amie ; elle n'est plus qu'une humble servante, ou même une esclave, livrée au caprice, et toujours exposée à être abandonnée dès qu'elle a cessé de plaire.

Le mariage n'est pas seulement *un* et *indissoluble*, il doit être *saint*. Par l'institution divine, l'union nuptiale devenait une chose sacrée. Jésus-Christ l'a encore ennoblie en l'élevant à la dignité la plus haute qu'elle puisse atteindre, à la dignité surnaturelle d'un sacrement, et d'un grand sacrement, *magnum sacramentum*. Ce sacrement, ce signe, représente l'union mystique de Jésus-Christ avec son Église, il doit être reçu avec une conscience pure, dans l'état de grâce. Il communique aux âmes la vie divine plus abondante, il cimente l'union des cœurs, il donne aux époux les grâces sacramentelles, à l'aide desquelles ils remplissent chrétiennement leurs obligations et se sanctifient dans ce nouvel état de vie.

Après avoir créé Adam, Dieu avait dit : Il n'est pas bon que l'homme soit seul. — Monsieur, vous avez eu sujet de méditer ces paroles, lorsque, loin de votre famille, de vos amis, de toutes vos affections, vous vous êtes trouvé, étranger dans ce pays, dans la solitude de votre maison. Non, il n'est pas bon que l'homme soit seul ! Vous avez jeté un regard timide sur la famille la plus honorable de la contrée. Votre cœur a suivi votre pensée. Vous avez été charmé par la piété, l'innocence, la simplicité, la grâce angélique. Alors s'est révélée à vous, d'une manière providentielle, celle qui, encore inconnue, avait été l'idéal de vos rêves, de vos aspirations. Vous l'avez devinée, reconnue à des signes mystérieux qu'on ne peut définir, mais qui ne trompent jamais. Et, dans les transports de votre joie, vous vous êtes écrié : La voici celle que Dieu m'a destinée, celle qui doit compléter mon existence, âme de mon âme, vie de ma vie, *dimidium animæ meæ*. Ensemble nous ferons le pèlerinage d'ici-bas, ensemble nous irons à Dieu, à l'éternité !... Vous avez été compris !

Mademoiselle, à peine aviez-vous connu celui que la Providence vous destinait, qu'un attrait irrésistible vous porta vers lui. La religion, la noblesse et la fermeté de caractère, la bonté vous avaient charmée. Dans l'intimité de la famille, vous avez dit, en vous inclinant humblement devant l'autorité de vos parents : S'il vous plaît, nul autre n'aura mon cœur ! Vous avez prié, beaucoup prié, et vous êtes exaucée.

Monsieur, Mademoiselle, depuis quatre mois, les devoirs du mariage ont dû être le sujet de vos sérieuses réflexions. Je vais les résumer en deux mots : amour chrétien, amour constant. A la base de votre union, vous placerez la religion, la crainte du Seigneur, le respect de la loi sainte, la pratique des commandements. On se flatterait en vain d'être heureux sans l'amour et la bénédiction de Dieu. Point de bonheur véritable, point d'affection durable qui ne soient cimentés par la religion. Je plains de tout mon cœur le foyer domestique où Dieu ne règne pas en maître : le joug y est intolérable. Aimez-vous donc en Jésus-Christ. C'est ainsi que votre affection résistera à l'épreuve du temps, du caractère, des difficultés de la vie. Laissez moi formuler un vœu : j'espère que vous serez pour ma paroisse un exemple et une bénédiction. En vous voyant venir ensemble aux offices religieux, on dira partout sur votre passage : Voyez comme ils s'aiment et comme ils sont pieux !

Quelle est la fin essentielle du mariage ? Dieu l'indique dans ces paroles qu'il adresse à nos premiers parents : Croissez et multipliez ! La fécondité est la première richesse, le plus précieux trésor d'une famille. N'en craignez point les charges. Acceptez de grand cœur et avec reconnaissance tout ce qu'il plaira au Seigneur de vous envoyer. Confiez-vous à sa paternelle Providence qui donne aux petits des oiseaux leur pâture, au brin d'herbe son rayon de soleil et sa goutte de rosée, qui mesure le vent à la toison de la brebis, et qui pare la fleur des champs mieux que ne fut Salomon dans tout l'éclat de sa gloire. Ces chers enfants, la bénédiction de Dieu, vous les élèverez chrétiennement et jamais ils ne recevront de vous que des exemples de vertu et de piété.

Voici maintenant le moment solennel !

Monsieur, sous le regard ému de votre noble et digne père, sous la bénédiction de votre mère qui vous sourit du haut du ciel, et d'une autre mère non moins aimante qui, de son lit de souffrance, appelle sur votre tête toutes les faveurs célestes, au milieu des prières ferventes de vos deux aïeules, vénérées de toute la ville de Lille, des souhaits et des vœux de vos parents et de vos amis ;

Mademoiselle, en présence de ce digne Magistrat, votre père bien-aimé, qui, depuis près d'un quart de siècle, administre si sagement cette commune que lui a confiée l'honorable Monsieur Telliez, l'homme populaire par excellence, toujours en son temps Maire et Conseiller général ou Député ; en présence de votre bonne et excellente mère, de votre aïeule, qui est la charité personnifiée, la Providence de nos pauvres, de nos malades, de tous nos malheureux ; en présence de ce noble représentant du pays, qui, en ces temps si difficiles, tient haut et ferme au Parlement, le drapeau de la Religion et de l'honneur, et défend avec énergie les intérêts du peuple ; en présence de cette auguste assemblée, si pieusement recueillie ; — en présence du Dieu tout-puissant qui préside, de Jésus-Christ qui, de son tabernacle, vous bénit, des anges du sanctuaire qui prient pour vous, sous la main bénissante de votre pasteur, dont vous êtes l'espérance.

Prononcez vos serments solennels ; enchaînez-vous l'un à l'autre par des liens indissolubles, qu'aucune puissance humaine ne pourra jamais rompre ; engagez votre foi à la vie, à la mort et pour l'éternité! L'anneau nuptial que vous allez porter au doigt, Mademoiselle, vous rappellera sans cesse les engagements contractés au pied de cet autel. Il signifie l'union intime de deux cœurs par la foi et l'amour. Abandonnez maintenant votre père et votre mère, vos sœurs, la maison paternelle, où l'on pleurera plus d'une fois, en voyant votre place vide au foyer domestique. Avec votre époux, menez la vie à deux sous le même toit, à la même table, mettez tout en commun, vos joies et vos peines, vos inquiétudes et vos espérances. Chérissez, Mademoiselle, autant que vous le pouvez, celui qui aujourd'hui vous donne et son nom et son cœur. Attachez-vous à lui, comme le lierre flexible à l'arbre qui le soutient : il meurt où il s'attache.

J'ai parlé d'épreuves! je ne voudrais pas faire monter un nuage dans votre ciel si pur et si serein, ni faire entendre une note discordante dans ce concert harmonieux de louanges et de bénédictions, ni jeter une parole de tristesse au milieu de cette joie universelle. Je vous dois cependant la vérité. Ne vous faites pas illusion : le bonheur parfait n'est pas de ce monde Dieu ne le donne qu'à ceux qu'il a couronnés dans sa gloire. Ici-bas, le soleil a son déclin, la rose a ses épines, et toute journée, si belle qu'elle soit, arrive à sa fin. Les jours mauvais sont les plus nombreux. Chers enfants, aux heures pénibles, souvenez-vous de cette parole de votre pasteur : la vraie consolation ne se trouve que dans l'affection et la religion.

O mon Dieu, vous qui avez seul dans la main la direction des cœurs, unissez étroitement, nous vous en conjurons, les âmes de ces époux qui sont vos serviteurs. Répandez dans leur cœur une sincère et mutuelle affection, afin qu'ils ne fassent plus qu'un en vous.

Bénissez celui qui doit être votre représentant dans la famille, celui qui doit exercer votre autorité, celui qui doit être le chef, le guide, le pourvoyeur de la maison.

Bénissez votre servante qui, au moment d'engager sa foi, implore avec ferveur votre assistance. Que le joug qu'elle va s'imposer soit doux Donnez-lui d'être l'imitatrice des saintes femmes, aimable à son mari comme Rachel, sage comme Rébecca, qu'elle jouisse d'une longue vie et soit fidèle comme Sara ; qu'elle demeure toujours fortement attachée à la foi. Accordez-lui une heureuse fécondité et que tous deux voient un jour les enfants de leurs enfants, jusqu'à la quatrième génération. Qu'ils parviennent à une heureuse vieillesse ; et qu'après l'union passagère du temps, ils obtiennent l'union mille fois plus douce, qui n'aura point de terme, au sein de Dieu, dans l'Éternité.

Ainsi soit-il !

TOAST

DE

M. DEJARDIN-TELLIEZ.

Mes chers amis,

C'est une joie pour moi de voir, aujourd'hui, ma chère fille Thérèse entrer dans la famille Bigo, si considérée si considérable, si aimée si aimable, si honorée si honorable.

L'éducation sérieuse de Louis, son amour du travail, son bon cœur, sont les garanties de son bonheur.

J'ai un excellent gendre en Mallez, j'en aurai un second en Bigo — j'en suis convaincu !

Vous entrez dans la vie, mes chers enfants, sous les auspices les plus heureux et je prends plaisir au spectacle de votre joie.

Puisse notre petite colonie de Carnières être heureuse et prospère ! Ce sont là les vœux que tous nous formons pour le bonheur des jeunes époux.

Nous avons le profond regret de ne pas voir ici

Madame Louis Bigo, toujours retenue par la maladie, et qui aurait été si heureuse d'être au milieu de nous aujourd'hui. J'aurais voulu en cette circonstance lui adresser mes félicitations et mes remerciements pour le dévouement et la sollicitude qu'elle a apportés à l'éducation de notre cher Louis. Veuillez, mon cher ami, dire à Madame Louis Bigo tous nos regrets et les vœux bien sincères que nous formons pour son prompt et complet rétablissement.

Je veux terminer en réunissant dans un même toast les grands-parents et les petits-enfants et en vous proposant de boire à la santé des vénérés chefs de nos familles, de la bonne et excellente Madame Bigo-Tilloy, de l'aimable et aimée Madame Fauchille-Prevost, de la sympathique Madame Telliez-Béthune, tout en buvant en même temps au bonheur et à l'union de nos jeunes époux !

TOAST

DE

M. Louis BIGO.

———

Je devrais vous laisser sous le charme de la parole que vous venez d'entendre. Mais la satisfaction que vient de vous exprimer Monsieur Dejardin, je l'éprouve moi-même et je ne puis résister au désir de vous en entretenir à mon tour, car s'il est un jour heureux pour un père de famille, c'est celui où il voit assuré le bonheur de son enfant, celui où il voit entrer son fils dans une famille honorable entre toutes et qui l'accueille avec la plus grande cordialité; c'est le jour enfin où il le voit uni à une femme qu'il aime, dont il se sent aimé et dont il a pu apprécier tout le mérite.

En effet, la fille de Monsieur et de Madame Dejardin, la petite-fille de Madame Telliez, a toujours eu sous les yeux des exemples trop parfaits et trop touchants pour ne pas être ornée de toutes les qualités précieuses qu'on aime à voir réunies chez une épouse.

Ces exemples, ma très chère Thérèse, joints à l'éducation sérieuse que vous ont donnée vos parents, avec le concours de Mademoiselle Barthélémy, nous sont un sûr garant que vous serez pour votre mari une compagne aimante et dévouée, non seulement dans la bonne fortune, mais aussi dans l'adversité si elle doit un jour vous atteindre ; car, ainsi que le disait tantôt votre vénérable doyen, tout n'est pas joie et bonheur dans ce monde... et dans ce moment où je vous parle, dans ce moment où je devrais être tout à la gaîté, je sens mon cœur partagé entre la joie et la tristesse ; la joie ! quand mes regards se reposent sur ces deux époux resplendissants de jeunesse et d'amour. La tristesse ! quand ma pensée se reporte vers celle à qui Louis doit le jour et qui fut pour lui une bien tendre mère ; quand elle se reporte aussi, cette pensée, vers celle à qui Louis est redevable de cette éducation dont M. Dejardin vient de s'applaudir : retenue par la maladie, elle est bien seule aujourd'hui à la maison. Mais vous avez compris tout ce que cet isolement a de pénible en un pareil jour et vous lui avez promis de lui consacrer votre journée de demain. Soyez bénis, mes chers enfants, pour cette bonne pensée qui a été de votre part toute spontanée, je dois le dire, et qui nous montre toute la délicatesse de vos sentiments.

Mon cher Monsieur Dejardin, je vous remercie des paroles trop bienveillantes que vous venez de dire sur notre famille. Vous avez mis votre confiance en mon fils ; je suis persuadé qu'il s'en montrera digne en toutes circonstances, que le bonheur de votre chère fille sera le but persévérant de ses efforts et qu'il saura continuer à Carnières les bonnes traditions des Telliez et des Dejardin.

L'homme s'agite et Dieu le mène : cette parole de votre grand Fénelon n'a jamais reçu une plus juste application. C'est assurément la Providence qui a conduit Louis dans ce pays et qui l'a poussé à reprendre la brasserie de Carnières ; c'est la Providence qui a voulu que cet établissement retournât, par ce mariage, dans la famille de son fondateur, afin que cette famille pût continuer à exercer dans ce canton l'influence bienfaisante qu'elle y exerce depuis un siècle.

Je termine ce toast trop étendu en levant mon verre en l'honneur des jeunes époux, en buvant à leur bonheur, à leur postérité, en buvant aussi à la prospérité de la brasserie de Carnières.

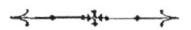

DIALOGUE

<small>DIT PAR</small>

<small>Georges, Alice et Antoinette BIGO.</small>

A Louis et Thérèse.

<small>GEORGES.</small>

C'est moi qui suis choisi pour parler le premier.
La famille veut bien ici me confier
L'honneur et le bonheur de fêter la venue
D'une nouvelle sœur.

<small>ALICE.</small>

Dès que je l'ai connue,
J'ai senti le désir de l'aimer de tout cœur.

<small>ANTOINETTE.</small>

Louis nous a redit sa bonté, sa douceur.

<small>ALICE.</small>

A l'autel ce matin, la voyant si pieuse,
Je murmurais : « Mon Dieu, vous la rendrez heureuse ! »

<small>ANTOINETTE.</small>

Cette félicité vient de vous, bon Jésus !
L'an dernier, à Noël, ne vous souvient-il plus,

Que Louis, convié au repas de famille,
Entre tous remarqua l'aimable jeune fille
Dont l'image, en tous lieux, dès ce jour l'a suivi ;
Au retour il se dit : je suis bien seul ici.
Alors a commencé le charmant et doux rêve
Que la réalité de ce beau jour achève.
A ton foyer, mon frère, un ange vient s'asseoir
Pour donner du bonheur et pour en recevoir.
A deux vous marcherez désormais dans la vie
Vous tenant par la main, joyeux, l'âme ravie.
Et ce tendre lien vous rendra, chers époux,
L'épreuve moins amère et le devoir plus doux.

Georges.

Oh ! mes amis, que l'on sera bien à Carnières.
Cette année y verra la fête séculaire
De cette brasserie, et l'aïeul vénéré
Qui la créa jadis, — j'en suis bien assuré, —
Doit sourire à Louis, puisque dans la famille
Il la fait revenir par la petite-fille
Du premier Fondateur. Cette réunion
Est d'un augure heureux.

Alice.

                La bénédiction
D'un autre père encore ici vous est acquise,
Celle de Léon Treize. Il faut que je redise
Pour notre joie à tous, en ce jour solennel,
Sa touchante bonté. Quel conseil paternel,
Peut-être prophétique, au grand pèlerinage,

A Louis il donna ! De bonheur c'est un gage.
Le Pape lui dit donc avec l'accent du cœur :
Mon enfant, avez-vous quelque frère, une sœur ?
— Nous sommes huit enfants à la maison, Saint-Père.
(Et la voix de Louis vibrait joyeuse et fière)
Eh bien ! mariez-vous vite, ô mon fils chéri,
Reprit le Grand-Pontife, afin d'avoir aussi
Par la Bonté Divine, autour de votre table,
De fronts purs et joyeux une couronne aimable.

Antoinette.

Est-il plus doux présage au jour d'une union ?
Sur l'avenir il vient jeter un pur rayon.
Pour vous, jeunes Epoux, des aïeux la tendresse,
S'émeut en partageant notre vive allégresse,
Parents, amis, en chœur forment les meilleurs vœux.
Chantons : Vivat sur terre et Merci vers les cieux !

MONOLOGUE

DIT PAR

M. Omer BIGO.

Lorsque dans une noce, au milieu de la fête,
Il se trouve un chercheur de rimes, un poète,
Plus ou moins en renom, on s'attend, c'est certain,
A le voir réciter à la fin du festin
Des strophes en l'honneur de l'épouse nouvelle
Et du nouvel époux. — Minute solennelle ! —
Ce Monsieur, gravement, tousse deux ou trois fois,
Lève les yeux au ciel, et roule entre ses doigts
Un papier satiné. Mais, tenez, il me semble
Qu'à ce pauvre rimeur quelque peu je ressemble,
Ainsi que lui j'ai l'air assez embarrassé,
Et je ne suis pas sûr de n'avoir point toussé.
Alors, avec émoi, chacun tourne la tête
Vers ce rêveur ému, vers ce grave poète,
D'instinct les grands-parents apprêtent leur mouchoir
Et, s'ils n'étaient assis, certes, ils pourraient choir.

Je ne suis pas ce personnage
Imposant, à l'air sérieux,
Non, cela n'est pas de mon âge,
Je viens à vous le rire aux yeux.

A vous que l'on fête et qu'on aime,
A vous qui commencez, heureux,
A lire ensemble le poème
Des jeunes époux amoureux !

De l'église et de la mairie
Vous revenez le cœur charmé,
La maison est toute fleurie
Et l'air en est tout embaumé.

Avril fait scintiller les flammes
Des rayons dorés du printemps,
L'hymen a rapproché vos âmes,
Et l'amour chante vos vingt ans.

Des nids cachés dans les broussailles
S'élèvent de tendres chansons,
C'est le bon temps des épousailles,
C'est la plus belle des saisons !

Cousine, vous l'avez choisie
A dessein, à n'en pas douter,
Pour qu'un parfum de poésie
A la fête vînt s'ajouter.

Ah ! mon cousin a de la chance !
Il vient dans ce coin, un beau jour....
Non, *coin* manque de convenance,
Pardon, je veux dire... séjour.

Dans sa vieille ville natale
Il laisse parents, frère, sœur ;
Il arrive seul, il s'installe,
Bien s'y trouve, et se fait brasseur.

Cette carrière qu'il embrasse
Lui plaît ; il trime, il va, bras nus,
De la cave au grenier ; il brasse
En disciple de Gambrinus,

Et devient, ma foi, quelque chose.
Un jour, il voit, dans ce pays,
Une fleur fraîchement éclose,
Et ses yeux en sont éblouis.

Mais comment la cueillir ? en somme,
Très prudent, et bien inspiré,
Il s'en va trouver un digne homme
Qu'on nomme : Monsieur le Curé.

En souriant, le prêtre écoute
Sa naïve confession,
L'encourage, et se met en route
Sans aucune hésitation.

Il pénètre dans le parterre
Avec notre amoureux transi,
Et s'adresse au... propriétaire,
Qui consent, — et la fleur aussi ! —

Cette fleur c'était vous, Thérèse !...
Mon cousin est un fin renard,
Quelle veine ! ah ! je suis bien aise,
Moi, d'avoir un cousin veinard.

Et voilà comment, avec grâce,
Ce soir dans un feston léger
La fleur du frais houblon s'enlace
A la blanche fleur d'oranger.

Vous serez heureux j'imagine,
La veine se continuera :
C'est mon vœu le plus cher, Cousine,
Quelqu'un là-haut l'exaucera.

Cousin, sois un brasseur de race,
La bière est le vin des Flamands,
Il faut que le brasseur *en brasse*
Nuit et jour, à tous les moments.

Roule rondelle sur rondelle,
Aime bien, — aimer est si doux ! —
Sois à la fois brasseur modèle
Et le modèle des époux.

Et — ce n'est point une chimère —
Dans ce petit coin fortuné
Tu serais un jour père et *Maire*,
Que nul n'en serait étonné !

www.ingramcontent.com/pod-product-compliance
Lightning Source LLC
Chambersburg PA
CBHW060449050426
42451CB00014B/3241